कहाँ चला जाऊँ
कि ख़ुदको मैं पाऊँ

SAKIB SHEIKH

ISBN 979-8-89446-023-9

शेर-ओ-शायरी | नज़्म

01.

कहाँ चला जाऊँ कि ख़ुदको मैं पाऊँ

कहाँ चला जाऊँ कि ख़ुदको मैं पाऊँ,

कहीं खो गया मैं या कोई और,

कहीं दब सा गया हूँ पता नहीं कि कोई और,

फिर बातों को मोड़ दूँ या ख़ुदको कहीं छोड़ दूँ,

भूल जाऊँ सब कुछ या सिर्फ़ आँखें मूँद लूँ,

कहाँ चला जाऊँ कि ख़ुदको मैं पाऊँ...।

02.

फ़ुज़ूल

ये आसमान ये रास्ते मुझे एक जैसे लगते हैं, फ़ुज़ूल[1] हैं ये सब बातें, फ़ुज़ूल हो तुम, मैं, यहाँ रहने वाले, फ़ुज़ूल है ये आसमान से घिरा हुआ फूल, और ये सब दरख़्त[2], जिन पर एक भी परिंदा ना बैठा, फ़ुज़ूल है , फ़ुज़ूल ये भी है कि एक भी परिंदा इन रास्तों से ना गुज़रा, ना ये आसमानों से गुज़रा, कहाँ गया? लगता है कहीं गुज़र गया, पर कहीं तो गुज़रा होगा, वो एक परिंदा था, इंसान नहीं, ये झूठी दुनिया है सांस कोई ले तो कैसे ले, हवा भी झूठी है, सब फ़ुज़ूल है।

---

1. फ़ुज़ूल - जो किसी काम का न हो, व्यर्थ, बेमतलब, बेकार, फ़ालतू
2. दरख़्त - पेड़

03.

कल का दिन भी कितना ख़ुशनुमा था

कल का दिन भी कितना ख़ुशनुमा[1] था, कि उसमें फ़क़त तुम थी, आज का दिन भी कैसा है, कि फ़क़त[2] हम हैं, तुम साथ रहती हो तो हर चीज़ मुझे दिखती है, ये दरख़्त, ये पत्ते, ये झूलती हुई शाख़ें[3], ये फूल से छुपी हुई सबकी मुस्कान, खिलती हुई कली सा दिन, मिट्टी सी सौंधी रात, चमकता हुआ आसमान, उड़ते हुए परिंदे आशियाने की तरफ़, रास्ते से गुज़रते हुए लोग, पूरी दुनिया ही, सब अच्छे लगते हैं, हर चीज़ अच्छी लगती है तुम्हारे साथ, गवाह है मेरा बदन जो तुम्हारे बिना सूख जाता है, बदन का हर एक हिस्सा लगता तुम्हारे जाने के बाद रूठ जाता है।

---

1. ख़ुशनुमा - अच्छा दिखने वाला, जो देखने में अच्छा लगे, सुन्दर, दिलकश
2. फ़क़त - सिर्फ़ 3. शाख़ें - टहनी, डाली

04.

कुछ लिखे हुए पन्ने हैं पुराने

मेरे पास कुछ लिखे हुए पन्ने हैं पुराने, उसमें कुछ है शायरी, कुछ है नज़्म, कुछ हैं यादें, जो कि मिट चुकी है मेरी तरह, ख़ुशी एक शब्द है जो मैंने जाने अंजाने में उस काग़ज़ के पन्ने पर लिख डाला था, पूरी उमर ढूँढता रहा ख़ुशी, पर वो कहाँ मिलने वाली थी उस काग़ज़ के पन्ने को कुरेदता रहता ऐसा लगता कि अपने ज़ख़्मों को, ना सिर्फ़ वो कुछ काग़ज़ के पन्ने हैं पूरी ज़िंदगी बसर[1] किया है मैंने

---

1. बसर - जैसे तैसे उम्र गुज़ारना, गुज़र - बसर करना, ज़िंदगी गुज़ारना

05.

अजनबी

एक पल में अजनबी हो जाते हैं कुछ लोग
जैसे कि वो अजनबी हैं।

06.

बाकी है

बाकी है अभी भी बहुत कुछ

देखने को अभी ख़ुदा बाकी है

कुछ बाकी रह गई, कुछ पूरी हुई

ज़िंदगी किसी के बिना अधूरी रह गई

बस बिना नमाज़ पढ़े दुआ पूरी हो गई

07.

एक मुसाफ़िर था लगता है कहीं चला गया

कहीं से कहीं तक का सफ़र यूँही चलता रहा, एक मुसाफ़िर था जो ना घर गया, ना मंज़िल मिला, यूँही कहीं से कहीं तक के सफ़र में ज़िंदा रहने का सफ़र हालातों से लड़ता रहा, कभी इधर रहा, कभी उधर रहा फिर कहीं दूर चला गया, एक मुसाफ़िर था लगता है कहीं चला गया।

08.

बग़ावत

अब तो बग़ावत[1] भी आँखों से हो गई है

बिना उसे देखे कमबख़्त[2] इन आँखों की सुबह-ओ-शाम[3] नहीं होती

---

1. बग़ावत - विद्रोह, किसी के खिलाफ़ खड़ा होना, नाफ़रमानी। 2. कमबख़्त - अभागा, बदक़िस्मत, भाग्यहीन 3. सुबह-ओ-शाम - रात दिन, हर समय, हमेशा

09.

इज़हार-ए-इश्क़

क्या कह दूँ मैं, क्या सुनोगी तुम

क्या उम्र भर मेरी रहोगी तुम

10.

इंतज़ार

आँखों का क्या किया जाए, सुबह, दोपहर, शाम, शब[1]

बस इंतज़ार ही किया जाए

कितने साल गुज़ार दिए बिना देखे

बस एक बार देख लूँ और इन आँखों को आराम मिल जाए

---

1. शब - रात

11.

मुलाक़ात

कल उनसे फिर मुलाक़ात होगी,

बातों में सिर्फ याद होंगी

12.

अधूरी किताब

कितने सवाल हैं

कितने जवाब हैं

कितनी किताबें हैं

कितने लोग हैं

बस एक हम हैं

और एक अधूरी किताब है।

13.

शायद

ये शाम इतनी उदास क्यों है,

ये आकर मुझसे मिलती क्यों नहीं शायद इसकी उदासी कम हो जाए।

14.

हमशक्ल

इस आईने में न जाने कितने हमशक्ल हैं मेरे जैसे,

जब देखो तो एक नया किरदार नज़र आता है,

कभी-कभी सेहम[1] सा जाता हूँ,

कितने लोग रहते हैं इस आईने में,

या हम ख़ुद में

---

1. सेहम - डर

15.

ख़्वाब

ख़्वाब आप थे,

ना फिर देख सके ना पा सके,

ख़्वाब ही थे,

ख़्वाब रह गए

16.

क़ैद

बंद कमरे में क़ैद हो कर रह जाती है कितनों की ज़िंदगी, खिड़की से देख-देख कर, एक दिन ख़ुदको देखते हैं कि उनकी मय्यत जा रही है, उसी शख़्स से गुफ़्तगू हुई, तो मुझसे बोलते हैं, हमने ज़माना देखा है...।

17.

शायद कुछ अधूरा लगता है

ये बादल मुझ पर गुर्राता[1] क्यों है, मैं क्या इसपे क़हर[2] बरसाता हूं?, तू रेहम[3] की भीख समझ के बरसता है जो, फेकता है पानी के छींटे फ़क़ीर समझ के जो, झलकता है मेरी आँखों में काएनात[4] मुकम्मल[5] बसा रक्खा है, अपना जहां, फिर शायद कुछ अधूरा लगता है, शायद भी कभी फ़क़त[6] शायद लगता है ...शायद

---

1. गुर्राता - कर्कश ध्वनि में बोलना, क्रोध में मुंह बंद करके भारी आवाज़ निकालना 2. क़हर - आफ़त, अज़ाब, मुसीबत, जुल्म 3. रेहम - किसी को दुखी या पीड़ित देखकर उसके कष्ट, दुख आदि दूर करने का व्यवहार, दया, तरस, मेहरबानी , हमदर्दी 4. काएनात - ब्रह्माण्ड 5. मुकम्मल - पूर्ण, पूरा, सारा 6. फ़क़त - सिर्फ़

18.

मैं कौन हूँ मैं

जाता-जाता कोई पल सा लगता हूँ मैं,

मैं कौन हूँ ये हमेशा कहता हूँ मैं

हर बात- बात पर ये कहता हूँ मैं, कि मैं कौन हूँ मैं,

वो भी मिला, जो भी मिला, उससे आप कर के बातें करता हूँ मैं

और ना जाने क्या- क्या कहता हूँ मैं, या फ़क़त[1] कहता हूँ मैं,

मैं में ना जाने कितने मैं छुपाये बैठा है, तू कोई और है या हूँ मैं, ना जाने मैं।

कहता है कुछ तो ऊपर तक-तक यूँ शाम-ए-सुबह गवाह[2] है, ना जाने क्या देखता है आसमां देखता है या ख़ुदा

देखता है, कुछ तो उनसे बात कर के कहता हूँ मैं, हाँ तक-तक कर
ऊपर नीचे अपने मैं में रहता हूँ मैं

____

1. फ़क़त - सिर्फ़ 2. गवाह - ऐसा व्यक्ति जो कोई घटना स्वयं देखी हो
अथवा जिसे किसी घटना, तथ्य बात आदि की ठीक और पूरी जानकारी हो,
गवाही देने वाला

19.

क्या कर जाऊँ कि मैं ही ख़ुदा बन जाऊँ

क्या कर जाऊँ कि तुझको पाऊँ , क्या कर जाऊँ कि मैं ही ख़ुदा बन जाऊँ, क्या है ये मोहब्बत जिसमें सब कुछ गवाया है मैंने, फिर भी ख़ूबसूरत लगता है सब कुछ, शायद ज़िंदगी में यही पाया है मैंने, सबके बोल मीठे लगते हैं गुल[1] अच्छे लगते हैं, ज़ख्म अच्छे और सच्चे लगते हैं और क्या क्या... वक़्त कभी चलता है कभी भागता है, आदमी कभी घूमता है कभी रुकता है, उम्मीद उतरती है मुझ में हमेशा, हमेशा ख़याल भी तेरे होते हैं अब क्या पाऊँ मैं, कि तू पाये मुझको? जो तेरे मन को भाये वो भाये मुझको, साय में मैं तेरे साथ रहूँ यही है कि अब मैं क्या कहूँ कि मैं ख़ुदा बन जाऊँ

---

1. गुल - शोर, भीड़

20.

हम और फासले

क्यों ये फासले कम नहीं होते,

हम होके भी हम दोनों, हम नहीं होते

21.

अच्छा

अच्छा बहुत निकलता है ज़बान से इन दिनों,

अच्छा फिर वहाँ मिलो जहाँ हमारा हिज़्र[1] ना हो

---

1. हिज़्र - जुदाई

22.

शायद फिर मिलें तुमसे

क्यों ना कल फिर मिले तुमसे,

आज की यादों के साथ मिले तुमसे,

शायद फिर मिलें तुमसे

23.

तुझे देख के

कैसे मुस्कुरा उठा हूँ मैं तुझे देख के
ना जाने क्या समझता हूँ मैं तुझे देख के

24.

करता है जो तू तमाशा

क्यूँ ढाता है मुझ पर इतना क़हर[1], जो तूने बनाया है वही मैंने माना है, सही- ग़लत, झूठ-सच, तू ही बता इसमें फ़र्क़ मैंने ना जाना है, करता है जो तू तमाशा, तू भी क्या ख़ूब खेलता है, सारे-जहाँ[2] में ना जाने कहाँ रहता है और ख़ुदको ख़ुदा कहता है

---

1. क़हर - आफ़त, अज़ाब , मुसीबत, जुल्म 2. सारे-जहाँ - पूरी दुनिया

25.

मोहब्बत

झोंक डाला मोहब्बत में ख़ुदको,
मोहब्बत करके भी ना पा सका तुझको

26.

अगर ज़िंदगी रही

कुछ कर जाऊँगा अगर ज़िंदगी रही पल दो पल की ही सही, अगर तू ना रही तो ज़िंदगी ही क्या रही

27.

वजूद

सो जाए तो ख़्वाब उसके, जग जाए तो ख़याल उसके, बातों- बातों में ज़िक्र भी उसी के होने हैं, यादें भी उसकी, दिन रात उसकी यादों में रह-रह कर अपनी पूरी ज़िंदगी बसर[1] करना, समेटना-उलझना यादों के साथ खेलना, उसकी फ़िक्र करो और मनाओ ख़ुदको ये कैसा सितम[2] है जो जाता ही नहीं, अब यही बाकी रहा हर एक चीज़ उसकी है, लगता है मेरा वजूद[3] ख़त्म हो रहा है, हम हैं भी उसके और ना तो फिर किसके?

---

1. बसर - जैसे तैसे उम्र गुज़ारना, गुज़र - बसर करना, ज़िंदगी गुज़ारना
2. सितम - अत्याचार, जुल्म, कष्ट पहुँचाना 3. वजूद - अस्तित्व

28.

मिट्टी का ढेला

यादों का मेला है, फिर भी वो अकेला है, ज़िक्र उसकी हो जाती है आज कल, शायद कोई पल, फ़िक्र कोई तो करता होगा, इस पूरे जहान में वही अकेला है क्या, बदलते लोगों के साथ गया था, मज्मा[1] लगा था, आज वो सिर्फ लोगों में एक यादों का मेला है फिर भी वो अकेला, कल कोई ख़त्म हो जाए तो वो एक बस मिट्टी का ढेला है

---

1. मज्मा - भीड़

29.

ढलती हुई शाम

तू एक मीठी शाम सी थी,

एक लम्हे में बात शुरू हुई थी,

दूसरे लम्हे में शाम ढल गई।

30.

फिर से एक और तमाशा दिखाऊँ क्या?

फिर एक तमाशा दिखाऊँ क्या, मैं अपनी पहचान तुम्हें बताऊँ क्या, क्या नाम क्या काम, क्या मैं कौन? क्या मक़ाम[1]? कहाँ इधर-उधर रहनुमा[2] किधर? वो एक ख़ानाबदोश[3] जिधर गया उधर कोई घर था क्या?

लोग मुझे देख कर ख़ुद पे हँसते क्यों हैं उन्हें ये भी बात बताऊँ क्या? थोड़ा समझाऊँ क्या? उन्हें ख़ुद से रूबरू कराऊँ क्या? इस मतलबी दुनिया से बचाऊँ क्या? उन नादानों को घर छोड़ कर वापस आऊँ क्या? फिर से एक और तमाशा दिखाऊँ क्या?

---

1. मक़ाम - पता- ठिकाना, जगह, मंज़िल। 2. रहनुमा - ठीक रास्ता बताने वाला, आगे-आगे चलने वाला 3. ख़ानाबदोश - बंजारा, जिसका कोई घर न हो या इधर-उधर जीवन बिताने वाला, जो एक जगह टिककर न रहे या न रह पाए; जिसके रहने का कोई ठिकाना न हो और इधर-उधर घूमता हो।

31.

सब कुछ है पर

है बहुत ग़ज़लें, शायरी, नज़्म, अफ़साने
अगर तू होती, तो क्या मुझे इनकी ज़रूरत होती

32.

क्यों इतनी दिलकश हो तुम

कैसे जाने दे दूँ उसे वो अब भी मोहब्बत है मेरी

अभी क्या ही हुआ है कुछ,

पता है वो जा चुकी है अभी भी उसकी यादें हैं कुछ,

वो मुझ में समाई है लगता है,

जो भी लगता है दिलकश[1] है कुछ

अभी भी वो मेरी लगती है ना कुछ ना कुछ

मैं भी लगता हूं ना उसका कुछ ना कुछ

---

1. दिलकश - दिल को अपनी ओर खींचने वाला, मनोहर, मनमोहक, आकर्षक, प्यारा

33.

दो अजनबी

मिल जाया करते हैं रास्ते में दो अजनबी,

नज़र फेरने को लोग मुलाक़ात कहते हैं।

34.

लेखक

रात के अँधेरे में रह-रह कर, जल-जल कर काला हो चुका हूँ, बहुत लोगों से मिलता हूँ इन दिनों शायद वो लोग भी मेरे जैसे होंगे, ना किसी को दिखते होंगे, ना कुछ बोलते होंगे, बस लिखते होंगे, और बस लिखते होंगे, कोई गुमनाम[1] होंगे, रातों में ख़ाली पैर यूँही चलते फिरते होंगे, भटकते होंगे इधर -उधर, वो भी तो इंसान होंगे कुछ ना कुछ तो काम करते होंगे, चलते-चलते पैरों में छाले पड़ते होंगे, ख़ून को भी पसीना कहते होंगे, वो लोग भी तो मेरे जैसे इंसान होंगे, हाँ इस काली दुनिया में अपने काम से बदनाम होंगे।

---

1. गुमनाम - जिसको कोई न जानता हो या नाम न जानता हो, बिना नाम का

35.

अल्हड़ लोग

अल्हड़[1] लोग भी क्या चाल बदलते हैं,

थोड़ा ज़्यादा या थोड़ा कम बोलो तो मेरी पहचान बदल देते हैं

---

1. अल्हड़ - भोला, गँवार अनाड़ी, दुनियादारी न जानने वाला

36.

हमसे ज़्यादा ख़ुश तू नज़र आता है

ख़ुशियों की बहार है, लबों पर ख़ुशियाँ बरक़रार हैं, ख़ुशियाँ बे-फ़िकर बहती समुंदर में ये कैसा मलाल[1] है, ये क़ल्ब से क़ल्ब[2] का कारोबार है, अब तो खिलती हुई ख़ुशियाँ डूबता हुआ ग़म नज़र आता है, लोग ख़ुश हैं फिर भी, उनको थोड़ा कम नज़र आता है, कहते फिरते हैं मुसाफ़िरों की तरह हमसे ज़्यादा ख़ुश तू नज़र आता है।

---

1. मलाल - अफ़सोस 2. क़ल्ब - दिल, मन

37.

मेरी तरह ख़ुश रह पाओगे

ऐ मुसाफ़िर जहाँ जाओगे ग़म ही पाओगे,

थोड़ी ख़ुशी के बाद आँखें नम पाओगे,

यम[1] की अंधेरी रातों में एक याद बन के रह जाओगे,

ज़िंदगी है पल दो पल की क्या तुम मेरी तरह ख़ुश रह पाओगे

---

1. यम - दिन

38.

दो यार

एक अँधेरी रात और थोड़ी बहुत बात,

दो यार लिखते बार-बार,

क़लम तीन,

किताबों में दबे हुए सूखे फूल चार

39.

आज या कल

ये फ़ैसला आज या कल का है

रंगो से भरा हुआ इंसान, मिट्टी का बे-रंग ढेला हो गया, आज और कल के बीच में फ़स कर आज वो अकेला हो गया

40.

मैं ही हूँ

मैं ख़ुद के लिए लिखता हूँ, और ख़ुद के अंदर दफ़्न कर लेता हूँ, चाहे वो मेरी लिखी हुई शायरी हो, या हो कोई नज़्म, या कोई हो बड़ी सी कहानी में कोई छोटा-सा किरदार, वो मैं ही हूँ, कहीं-कहीं हर चीज़ को ख़ुद से जोड़ने की आदत है या कुछ ख़ुदके अंदर छुपाए बैठा रहता हूँ, इसलिए अपने किरदार और कुछ राख हुए पल को ख़ुरेदता रहता हूँ।

41.

अजीब मेहमा

अजीब मेहमा[1] थे हमारे, अजीब बातें करते थे, ग़ज़ब कर के चले गए, मेहमा थे हमारे, सवारा ख़ुदको था समाये मुझ में हैं, अब अजब ग़ज़ब लगता हूँ मैं, बोलने की बातें हैं शायद, जब शीशे में उतारा ख़ुदको कोई और ही बसा था मुझ में

---

1. मेहमा - बहुत जल्द जुदा होने वाला, अतिथि

42.

मेरी लिखी हुई किताब ना सही एक सफ़्हा ही पढ़ लिया कीजिए

रास्ते पर इश्क़ नहीं सिर्फ़ चला कीजिए, फूल तोड़ कर आगे बढ़ा कीजिए, मेरी लिखी हुई किताब ना सही एक सफ़्हा[1] ही पढ़ लिया कीजिए, हल्की बारिश में ना भीगा किजिए, किताबों में एक दो फूल रक्खा कीजिए, किसी के यादों में सूखे फूलों को भी एक मौक़ा दे दिया कीजिए, रास्ते पर सिर्फ़ सहज-सहज[2] से चला कीजिए, अगर कोई मेरे जैसा आशिक़ हो तो एक नज़र देख भी लिया कीजिए, बाकी जो आपकी मर्ज़ी हो वही किया कीजिए

---

1. सफ़्हा - पन्ना 2. सहज-सहज - सही - सही, सरल, अपने साधारण रूप में रहने वाला, जो सभी दृष्टियों से ठीक और पूरा हो।

43.

हो सवेरा आए

एक सफ़्हा[1] सा दो पहर[2] है जैसे ख़ामियाँ[3] और बदनामियाँ, ये ज़िल्लतें[4] ढाते हैं मुझपे, इस तरह की, किस तरह की? क्या किस तरह की? क्या-क्या तरकीबें[5] हैं या उकता[6] गए हैं सब, काट-काट रोटी खाऊँ ग़म का मोर्टिन जलाऊँ और सो जाऊँ? जगा रह-रह जाऊं तकते-तकते मैं जब तक ना देखूँ तुलु आफ़ताब[7], हो सवेरा आए मुझे ऐसे जलाये, लोटाए ठहाके ले ले के सुलाये उठाये

---

1. सफ़्हा - पन्ना 2. पहर - 24 घंटे में दिन और रात मिलाकर आठ प्रहर होते हैं, एक प्रहर औसतन ३ घंटों के बराबर होता है। 3. ख़ामियाँ - कमी 4. ज़िल्लत - गिरावट, दुर्दशी, बेइज्जती 5. तरकीबें - उपाय 6. उकता- ऊबा हुआ 7. तुलू आफ़ताब - सूर्योदय

44.

आँखें बंद कर लो मुझे सोना है

हो जाये जो होना है, खो जाये जो खोना है,

फ़िलहाल मुझे सोना है

45.

पागल हूँ मैं

ऐसे ही लिखता रहूँ मैं कि ज़मीन को आसमान कहता रहूँ मैं,

पागल हूँ मैं? या कुछ भी कहता रहूँ मैं?

46.

जाने दो

क्या मोहब्बत-मोहब्बत कहते रहते हो, अगर तुमसे मोहब्बत होती,
तो पास होती

47.

क्या है ये ज़िंदगी

मेरे लिए क्या है ये ज़िंदगी अब,

तुम हो के भी मेरी ना हो सकी जो अब

48.

मैं दावा करता हूँ

मैं दावा करता हूँ, मुझे तुमसे इतनी मोहब्बत हो गई है, कि मुझसे किसी को हो भी जाए तो वो भी तबाह[1] ही हो जाएगा

---

1. तबाह - नष्ट

49.

मुंबई

कितनी रंगीन रातें हैं इस सोबा[1] में,
यम[2] उतना ही बे-रंग।

---

1 सोबा - शहर 2 यम - दिन

50.

एहसास

क्यों समझना चाहती हो मुझे,

तुम अपने आप को आईने में तो ज़रा देखो मेरी ख़ुशी,

ग़म, मेरी नाराज़गी हर एहसास सब तुम पर झलक उठती है

ग़म में

पोशाक बदल लेता हूँ ग़म में तकिया चादर वहीं पड़ा रहता है ग़म में

कहाँ हो तुम

है सब कुछ पर तुम नहीं हो,

तुम हो कहीं,

पर मेरे पास तुम नहीं हो

51.

इंसान ख़ुदा हो गए

फ़क़ीर भी बहुत पागल हैं,

ख़ुदके लिए दुआ नहीं करते,

इंसानों को ख़ुदा समझते हैं

बदल जाऊँ मैं

कितना कुछ बोल जाती हो मुझे कितने आराम से,

थोड़ा रेहम करो या बदल जाऊँ मैं, क्या कहा बदल जाऊँ मैं

कव्वाली

52.

मुझे क्या देखते हैं ज़रा ख़ुद को देखिये

छलक उठा है जाम मेरी आँखों में देखिये

अब तो हो गया गुमनाम[1] फिर भी एक नज़र को देखिये

फिर से कहीं चला जाऊँगा मैं ढूंढ़ते रहिये

फिर ना वापस आऊँगा मैं इंतज़ार में रहिए, ख़ुद को भी भूल जाऊँगा मैं, ख़ुदा हो जाऊँगा मैं, आप दर-ब-दर[2] इस दुनिया में आप झूमते रहिये आप घूमते रहिये, ज़रा दीन[3] और दुनिया वालों को भी देखिये

किस तरह ख़्वाब-ओ-ख़यालों में रहता हूँ मैं, मैं भी हूँ ज़िंदा साकिब ज़रा मुझे भी देखिये

इस तरह से भी ना हमें देखा कीजिये, शर्मा जाऊँगा मैं ऐसे ना देखिये

आँखें क्या देखते हैं, कभी ज़रा ख़ुदको आईने में भी देखिये

ख़ुदको देख कर आप ख़ुद ही सेहम[4] जायेंगे, जाइये ज़रा ख़ुदको देखिये

हो जाऊँगा मैं आपका फिर से, जाइये फिर किसी और को देखिये

हो गया आपका काम, कम से कम अब रास्ता ही देखिये

किस तरह रहूँ मैं किस तरह कुछ कहूँ मैं ज़रा ख़ुदको देखिये ज़रा ख़ुदको देखिये

क्या गुनाह करता हूँ मैं तो ज़रा ख़ुदा को देखिये,

ज़रा ख़ुदा को देखिये

मुझे क्या देखते हैं ज़रा ख़ुदा को देखिये

---

1. गुमनाम - जिसको कोई न जानता हो या नाम न जानता हो, बिना नाम का,

2. दर-ब-दर - आवारा , एक दरवाज़े से दूसरे दरवाज़े पर 3. दीन - धार्मिक, मज़हब 4. सेहम - डर

ग़ज़ल

53.

आता जाता कुछ नहीं

मैं घर को जाता तो हूँ
शायद मेरी मंज़िल में अब घर नहीं आता

जिसको जहाँ-तहाँ ढूंढता रहा
अब फ़क़त[1] देखता हूँ कदम मेरे आगे नहीं आता

दिन रात इंतज़ार में सोचता रहता हूँ
अब कोई मेरे घर क्यों नहीं आता

क्या करूँ अब इस बात को ले कर,
मेरा दिन कैसे गुज़रता है मुझे समझ नहीं आता

मेरे क़रीब मेरे रफ़ीक[2] भी कैसे हो गए हैं
मुझे पूछने तक कोई नहीं आता

मेरे ख़यालों ख़्वाबों की दुनिया मुझे तबाह[3] कर रही है
मैं क्या करूँ मुझे समझ नहीं आता

अब तुमसे इतनी मोहब्बत हो गई है जो कि अब
तुम्हारे अलावा मेरे ज़ेहन[4] में कोई और नहीं आता

ख़ुदको होशियार समझता रहा मैं,
मेरे दिमाग में अब दिल नहीं आता

क्या किया मैंने थोड़ा ख़ुदको ख़ुद से बरबाद किया,
मेरे नज़र में कोई दूसरा अब नज़र नहीं आता

कितने रफ़ीक थे मेरे, सब ख़ैरियत ख़बर लेने आते थे,
उनका भी घर था, अब कोई घर नहीं आता

मुझे समझ नहीं आता साकिब ये तुम हो या कोई और,

मुझे   तो   ये   साकिब   समझ   नहीं   आता

54.

है कुछ ना कुछ

होता रहता है कुछ ना कुछ
हर रोज़ खोता रहता हूँ कुछ ना कुछ

पाने को है अब भी बहुत कुछ
ख़ैर अब पा के भी ना पाऊँ कुछ

कभी लगता है कुछ है ज़िंदगी में
सोचता हूँ मैं ज़िंदगी नहीं है कुछ

क्यों इतना खोया रहता हूँ मैं साकिब
पिछली यादें भी हैं अब भी कुछ ना कुछ

55.

कैसे रहता हूँ मैं

मेरी तबाही तुम देख भी नहीं सकती
इतना ख़ुदको तबाह[1] कर रहा हूँ मैं

जाता हुआ लम्हा सा लगता हूँ मैं
इसलिए हमेशा कहता हूँ मैं

हूँ जो भी वही है सच, यही है झूठ
कुछ भी बोल कर निकल जाता हूँ मैं

बहुत   बेचैन   रहता   हूँ   मैं
तू अगर रह भी जाती तो क्या रहता मैं

बैठा-बैठा क्या-क्या नहीं सोचता मैं
तुझसे दूर रह कर कैसे रहता हूँ मैं

<hr>

1. तबाह - नष्ट 2. रेहम - किसी को दुखी या पीड़ित देखकर उसके कष्ट, दुख आदि दूर करने का व्यवहार, दया, तरस, मेहरबानी, हमदर्दी

56.

लिख के भी क्या ही बता दूँ

ख़ुदकी तकलीफ़ मैं ही नहीं जानता,
ये जो कह देती हो तुम मुझे बुरा लगा है

ये उलझन बहुत बढ़ती जा रही है,
लगताहैयेभीअपनीहदपारकियेजारहीहै

तुम जाओ, मुझे यहाँ थोड़ा और रहना है,
जो तुमसे नहीं कह सका वो कहना है

किस तरह का हो गया हूँ मैं,
जिस तरह से मुझे यहाँ होना ही नहीं है

57.

कुछ भी होता है जब-तब
ऐसे चलेगा कब-तक

बहुत उलझन होती है जब तब
ऐसे ज़िंदगी गुज़ारूँगा मैं कब तक

मेरे मालिक क्या करूँ जो सुकून मिल जाये
ढूंढ़ता रहूँ तुझे कब तक

बहुत सवालों के लरी हैं
जवाब क्या सोचता रहूँ मैं कब तक

वही सब फिर से दोहराया जा रहा है,
ऐसे ही सब खोता चला जाऊँ कब तक

किस तरह सब लोग दुःखों में लोट रहे हैं,
इस तरह से चलेगा कब तक

तुझे जो ख़ुदा ने साकिब बनाया है साकिब,
ये सिलसिला चलता रहेगा कब तक

58.

तेरी ही इबादत करता रहा हूँ मैं

हर   रोज़   जगता   रहूँ   मैं

ख़ुदको ही आइने में तकता रहूँ मैं

तेरा   नाम   ले-ले   कर

अल्लाह भगवान करता रहूँ मैं

उंगली तस्बीह[1] पर फेर कर

तेरा ही नाम जपता रहूँ मैं

ता उम्र तेरी मोहब्बत में
इबादत करता रहूँ मैं

अब यही दुआ करता रहूँ मैं
बस तेरी ही इबादत[2] करता रहा हूँ मैं

---

1. तस्बीह - जपमाला, ईश्वर या अल्लाह का नाम जपने वाली माला 2. इबादत
- पूजा, बंदगी, तपस्या, नमाज़ पढ़ना